रोरी

छत पर रहने वाला रैकून

मार्सी शेफ़

Rory
The Rooftop Raccoon

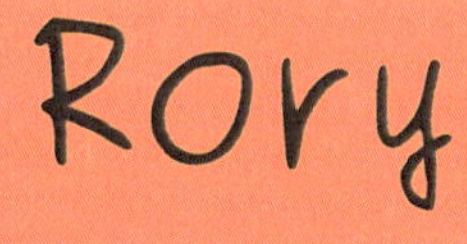

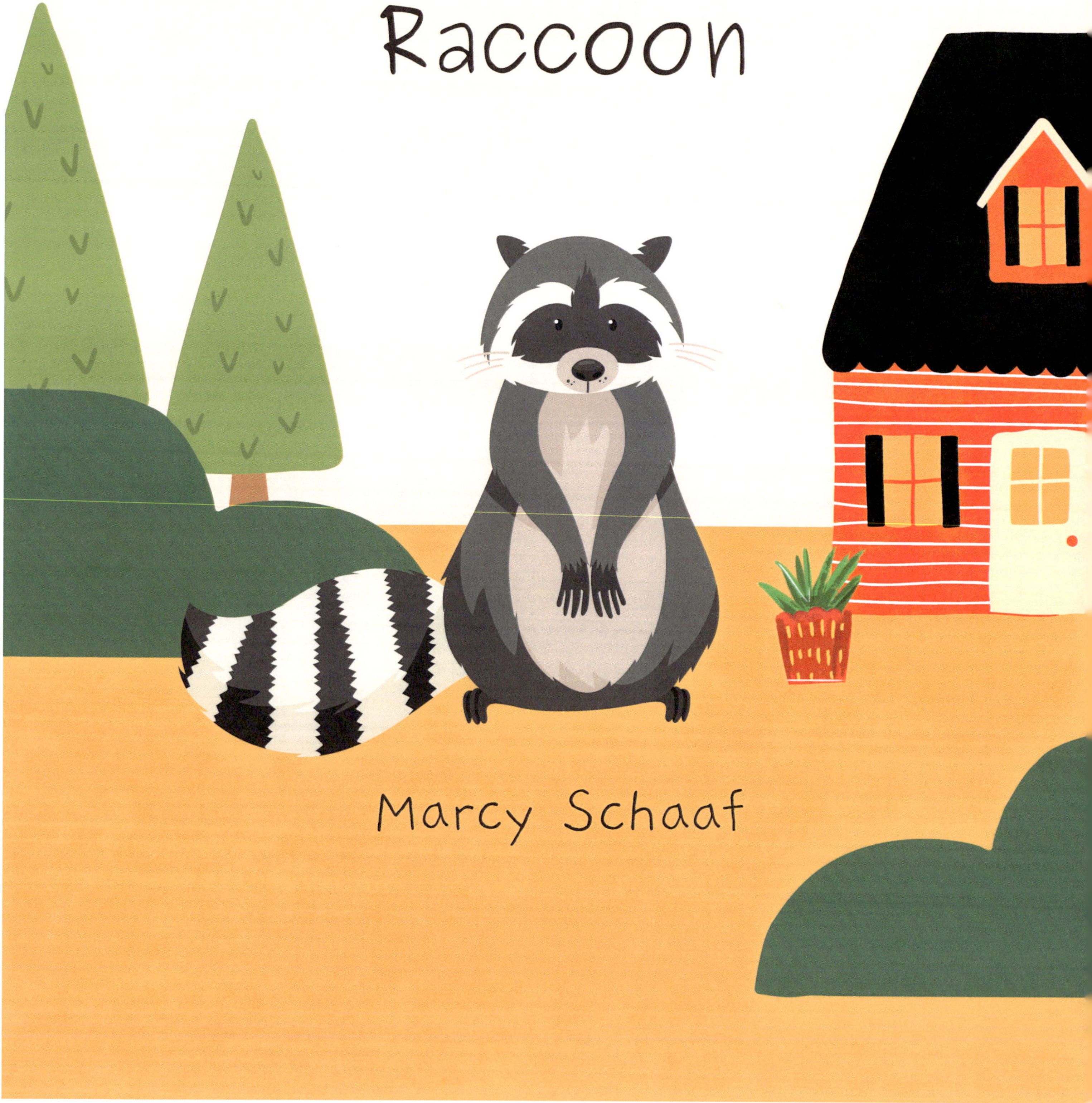

Marcy Schaaf

यह पुस्तक इसकी है:

- - - - - - - - - - -

This book belongs to:

_ _ _ _ _ _ _ _ _ _ _ _

आंटी लौरा को समर्पित, जिन्होंने अक्टूबर 2023 में अपने क्रॉल स्थान में रैकून का एक परिवार पाया

Dedicated to Aunt Laura
who found a family of
Raccoons in her crawl
space in October 2023

एक समय की बात है, एक आरामदायक आँगन में, रोरी नाम का एक जिज्ञासु रैकून रहता था।

Once upon a time,
in a cozy yard,
lived a curious
raccoon named Rory.

रोरी को खोजबीन करना बहुत पसंद
था और आज उसकी नज़र एक ऊँचे
पेड़ पर थी।

Rory loved to explore,
and today, he had his
eyes on a tall tree.

ऊपर, पेड़ पर, वह चढ़ गया, उसकी रोएँदार पूँछ हवा में लहरा रही थी।

Up, up the tree,
he climbed,
his fluffy tail swaying
in the breeze.

सबसे ऊपर, उसने छत देखी और सोचा, "हम्म, वहाँ क्या है?"

At the top, he saw the roof and thought, "Hmm, what's up there?"

रोरी छत पर भाग गया, जहां टाइल्स ने उसके पंजे को
गुदगुदी कर दी।

Rory scampered onto the roof,
where the shingles tickled his paws.

चिमनी से नीचे, रोरी गिर गया, एक धीमी आवाज़ के साथ उतरा!

Down the chimney, Rory tumbled,
landing with a soft thud!

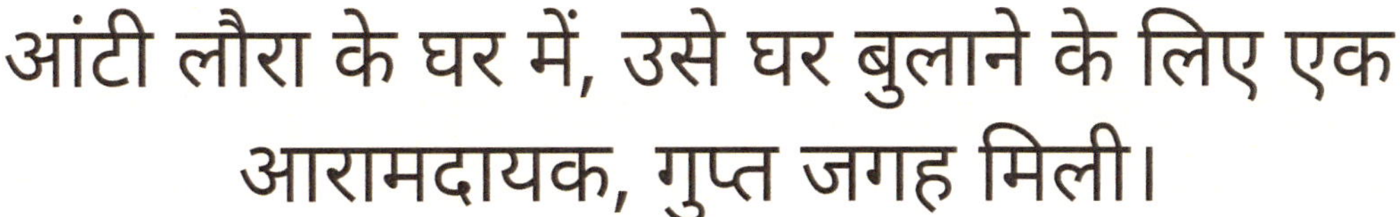

आंटी लौरा के घर में, उसे घर बुलाने के लिए एक आरामदायक, गुप्त जगह मिली।

In Aunt Laura's house,
he found a cozy,
secret place to call home.

आंटी लॉरा को कुछ पता नहीं था,
लेकिन उन्हें लगा कि कुछ ठीक नहीं है..

Aunt Laura had no clue,
but she felt something
was not right..

रोरी ने नज़रों से दूर, आरामदायक और गर्म, पत्तियों और टहनियों से एक घोंसला बनाया।

Rory made a nest with leaves
and twigs, snug and warm,
out of sight.

उसने अपनी पत्नी को
आमंत्रित किया, और जल्द ही,
उनका चार लोगों का एक रैकून
परिवार बन गया।

He invited his wife,
and soon,
they had a raccoon
family of four.

आंटी लौरा को रात में अजीब आवाजें सुनाई दीं, उनकी कल्पना उड़ान भरने लगी।

Aunt Laura heard
strange sounds at night,
her imagination began to soar.

चीख़ और
खिलखिलाहट, छोटे पंजे,
आंटी लॉरा का डर बढ़
गया..

Squeaks and giggles
, little paws,
Aunt Laura's fears grew..

लेकिन रोरी और उसका
परिवार केवल एक साथ रहना
चाहते थे,
सुरक्षित और सच्चा..

But Rory and his family only wanted to be together safe and true...

आंटी लॉरा ने डर से भरी हुई जगह में झाँकने का फैसला किया।

Aunt Laura decided to peek in the
crawl space, full of dread.

उसने रोएँदार चेहरे, बड़ी-बड़ी आँखें और
रैकून की पूँछ देखी, राक्षस नहीं बल्कि!

She saw furry faces,
big eyes, and raccoon
tails, not monsters but
instead!

रोरी ने कहा, "हमारा मतलब कोई नुकसान नहीं है;
हम बस ठंड में गर्म रहना चाहते हैं।"

Rory said,
"We mean no harm;
we just want to keep warm
in the cold."

आंटी लॉरा घबरा गईं लेकिन उन्होंने भरोसा करने का फैसला किया, उनकी कहानी बता दी गई थी।

Aunt Laura was nervous but
decided to trust,
their story had been told.

उसने उनके लिए भोजन और पानी, कंबल और सोने के लिए एक आरामदायक जगह छोड़ी।

She left them food and
water, blankets, and a cozy
space to sleep.

आंटी लॉरा का दिल नरम हो गया और
उनका डर कम होने लगा।

Aunt Laura's heart
softened, and her fear
began to retreat.

सर्दियाँ आ गईं और रैकून सुरक्षित और
स्वस्थ रहने लगे।

Winter came,
and the raccoons stayed,
safe and sound.

रोरी के बच्चे बड़े हुए, उनका फर मोटा और भूरा था।

Rory's babies grew,
their fur thick and brown.

आंटी लौरा ने उन्हें खेलते हुए देखा और महसूस किया कि उनका हृदय प्रफुल्लित हो गया है।

Aunt Laura watched them play
and felt her heart swell.

क्योंकि उसने सीखा कि कभी-कभी, हम जिस चीज़ से डरते हैं, उसका परिणाम बहुत अच्छा हो सकता है।

For she learned that sometimes,
what we fear,
can turn out so well.

रोरी और आंटी लौरा, असंभावित दोस्त, एक सच्चा
बंधन साझा करते थे।

क्रॉल स्पेस में, घर के नीचे, जहां उनकी दोस्ती बढ़ी।

Rory and Aunt Laura,
unlikely friends,
shared a bond so true.

In the crawl space,
under the house,
where their friendship grew.

और इसलिए, रोरी द रूफटॉप रैकून की कहानी एक मुस्कान के साथ समाप्त होती है।

And so,
Rory the Rooftop Raccoon's
story ends with a smile,.

उन दोस्तों में से जिन्होंने गर्मजोशी और प्यार
पाया, जिससे जीवन सार्थक हो गया।

of friends who found
warmth and love,
making life worthwhile.

लेखक जीवनी:

मार्सी शेफ़ इस घर के पास पली-बढ़ीं, जहाँ उनके माता-पिता अंततः सेवानिवृत्त हुए, वे अपनी 65 साल की शादी के दौरान इसी घर में रहे, जेनेसी, मिशिगन में स्थित घर अब उनकी बहन लौरा के स्वामित्व में है!

Author Bio:

Marcy Schaaf grown up near this home where her parents eventually retired, they lived in this house during their 65 year marriage, the home located in Genesse, Michigan is now owned by her sister Laura!

अलविदा धन्यवाद!

Thank you, BYE!